LESSON 1

ひょうげんを 読《よ》みとる ①

読《よ》んで　答《こた》えましょう。

星《ほし》が　キラキラ　かがやいて　います。

「まるで　こんぺいとうみたい。」

なっちゃんが　言《い》いました。

その　時《とき》、家《いえ》の　中から　あまい　においが　して　きました。

「何《なん》の　においだろう。」

わたしと　なっちゃんが　家に　入ると、お母《かあ》さんが　ケーキを　やいて　いました。わたしたちは　とび上がるくらい　うれしくて、その　ケーキを　早く　食《た》べたく　なりました。

---

(1) ――①は　どのように　かがやいて　いましたか。（10点《てん》）

［　　　　　　］

(2) ――②は　どんな　においが　しましたか。（10点）

［　　　　　　］におい。

(3) ――②を　わたしたちが　見た　とき、どのくらい　うれしかったのですか。（10点）

［　　　　　　］くらい。

(4) わたしが　本当《ほんとう》は　見て　いない　ものを　えらびましょう。（20点）

ア 星　イ こんぺいとう　ウ ケーキ

［　　］

答えは91ページ

やってみよう

シール

かたかなで　書《か》く　言葉《ことば》に　――を　引《ひ》き、かたかなに直《なお》して　書こう。

① ふらんす人の　友《とも》だち。
［　　　］

② 上手《じょうず》に　ぴあのを　ひく。
［　　　］

③ ごうかあとに　のる。
［　　　］

④ こっぷで　水を　のんだ。
［　　　］

⑤ さっかあの　しあい。
［　　　］

答えは91ページ ☞

ひょうげんを 読《よ》みとる ②

シール

月　日

とく点　　点　合かく 40点

●読《よ》んで 答《こた》えましょう。

鳥《とり》の 歩《ある》き方《かた》は 大きく 分《わ》けると 二通《ふたとお》り あります。[①] と はねる「ホッピング」と、足を かた方《ほう》ずつ 出して とことこと 歩く「ウォーキング」です。

スズメは、②おもに 木の 上で くらして いるので、えだから えだに とびうつるのに よい「ホッピング」で 歩きます。ハトは、人間《にんげん》のように 地上《ちじょう》を 歩き回《まわ》って えさを さがすので、「ウォーキング」で 歩きます。カラスは 両方《りょうほう》の 歩き方を する 鳥です。

(1) [①] に 入る 言葉《ことば》を えらびましょう。(10点《てん》)

ア だらだら　イ ぶんぶん

ウ ぴょんぴょん　[　　]

(2) ――②の いみを えらびましょう。(10点)

ア だいたい　イ 少《すこ》し

ウ 時々《ときどき》　[　　]

(3) ハトは、何《なに》と 同《おな》じような 歩き方を しますか。(10点)

[　　]

(4) カラスは どんな 歩き方を しますか。(20点)

[　　]

答えは91ページ

やってみよう

シール

つぎの 文の 主語《しゅご》には ——を、じゅつ語には ═を 引《ひ》こう。

① 妹《いもうと》が ないた。

② わたしは 買《か》いものに 行《い》く。

③ うつくしい 花が さく。

④ 今日《きょう》、弟《おとうと》は 学校を 休んだ。

⑤ お兄《にい》さんは 早く 夕食《ゆうしょく》を とった。

答えは91ページ ☞

こそあど言葉《ことば》 ①

シール

月　日

とく点

点　合かく40点

● 読《よ》んで　答《こた》えましょう。

「ともこちゃん。①あそこまで　きょう走《そう》だよ。」

遠《とお》くに　見える　とう台《だい》を　ゆびさして　のりこが　言《い》いました。わたしたちは　②そこまで　せいいっぱい　走《はし》りました。

とう台に　ついた　時《とき》、一ぴきの　犬が　いて、しきりに　しっぽを　ふって　います。③それは、まるで　前《まえ》からの　友《とも》だちに　会《あ》ったかの　ようでした。

「[④]から　来《き》たのかな。」

のりこが　首《くび》を　かしげました。

(1)　①は　どこを　さして　いますか。(10点《てん》)

[　　　　]

(2)　②は　どこを　さして　いますか。(10点)

[　　　　]

(3)　③は　何《なに》を　さして　いますか。(20点)一つ10

[　　　　]が[　　　　]様子《ようす》。

(4)　[④]に　入る　言葉《ことば》を　えらびましょう。(10点)

ア　そこ　　イ　どこ

ウ　ここ　　エ　あそこ

[　　　　]

答えは91ページ

やってみよう

シール

つぎの 文の 主語《しゅご》には ——を、じゅつ語には ＝を 引《ひ》こう。

① わたしは 赤ちゃんと 楽《たの》しく あそぶ。

② 先生が わたしの 名前《なまえ》を よんだ。

③ たくさんの たからものが そこに あった。

④ 赤と 白の はたが 一れつに ならぶ。

⑤ 海《うみ》で 妹《いもうと》は きれいな 貝を ひろった。

答えは91ページ ☞

こそあど言葉《ことば》②

シール

月　日

とく点　点　合かく40点

● 読《よ》んで　答《こた》えましょう。

おなかが　いっぱいでも、大すきな　ものが　出て　くると、わたしたちは　①それを　食《た》べる　ことができます。これは、いの　上に　すき間《ま》が　できると　いう　体《からだ》の　仕《し》組《く》みに　よる　ものです。

②これには、原始《げんし》時代《じだい》の　生活《せいかつ》がかかわって　います。③その　時代には、食べものが　なかなか　見つからなかったので、④それを　見つけた時《とき》には　むりやりにでも　食べて　しおかなければ　人間《にんげん》は　しんで　しまうからです。

(1) ——①は　何《なに》を　さして　いますか。（10点《てん》）

「　　」

(2) ——②は　何を　さして　いますか。（20点）一つ10

おなかが　「　　」でも、「　　」が　できて　食べる　ことが　できるように　なる　こと。

(3) ——③とは　いつの　時代を　さして　いますか。（10点）

「　　」時代

(4) ——④は　何を　さして　いますか。（10点）

「　　」

答えは91ページ

やってみよう

シール

✿ つぎの 文の ＝の 言葉《ことば》を くわしくして いる 言葉に ―を 引《ひ》こう。

① おもしろい 本が すぐに 見つかった。

② 花だんの 花が きれいに さいた。

③ 明日《あす》、計算《けいさん》の テストが ある。

④ きゅうに 強《つよ》い 風《かぜ》が ぴゅーと ふいた。

⑤ 大きな 池《いけ》に たくさんの 魚《さかな》が いた。

答えは91ページ

つなぎ言葉《ことば》 ①

シール

月　日

とく点

点　合かく40点

● 読《よ》んで　答《こた》えましょう。

にわで、はたけしごとを　手つだった　後《あと》で、①ぼくは、たくさん　水を　のんだ。なぜなら、のどが　かわいて　いたからだ。②、ぼくは　しまったと　思《おも》った。おばあちゃんが　アイスを　用意《ようい》して　くれて　いた　ことを　思い出したからだ。

家《いえ》に　もどって　アイスを　食《た》べはじめたら　とても　ねむくなった。だけど、とった　やさいを　あらわなければ　ならない。だから、③もっと　ねむく　ならないように　アイスは　半分《はんぶん》だけに　した。

(1) ―①のように　したのは　なぜですか。（20点《てん》）

[　　　　]

(2) ②に　入る　言葉《ことば》を　えらびましょう。（10点）

ア しかし　イ また

ウ そして

[　　　]

(3) ―③のように　したのは　なぜですか。（20点）

[　　　　]

答えは91ページ ☞

やってみよう

シール

✽ つぎの 文の ＝＝の 言葉《ことば》を くわしくして いる 言葉に ――を 引《ひ》こう。

① わたしは 公園《こうえん》で あそんだ。

② 漢字《かんじ》の テストは とても むずかしい。

③ 白い 大きな 犬が ほねを かくした。

④ れいぞうこに 大すきな ケーキが ある。

⑤ 海《うみ》から 気もちの よい 風《かぜ》が ふいた。

答えは91ページ ☞

つなぎ言葉《ことば》 ②

シール

月　日

とく点

点　合かく35点

● 読《よ》んで　答《こた》えましょう。

ピーマンには　大きく　なる　ために　太陽《たいよう》の　光《ひかり》が　いります。［①］、強《つよ》い　光を　あびつづける　ことは、たねに　とって　あまり　よい　ことでは　ありません。［②］、たねを　まもる　ために　ピーマンは、あつい　かわと、その　かわと　たねの　間《あいだ》に　すき間《ま》を　もつように　なりました。

つまり、［③］、あつい　かわで　光を　さえぎり、［④］、すき間が　ある　ことで　空気が　あたためられすぎるのを　ふせぐのです。

(1) ［①］に　入る　言葉《ことば》を　えらびましょう。（15点《てん》）

ア　そのうえ　　イ　だから

ウ　しかし

［　］

(2) ［②］に　入る　言葉を　えらびましょう。（15点）

ア　けれども　　イ　そこで

ウ　または

［　］

(3) ［③］・［④］に　入る　言葉の　組《く》み合《あ》わせを　えらびましょう。（20点）

ア　③まず　④しかし

イ　③まず　④さらに

ウ　③さて　④しかし

［　］

答えは91ページ☞

やってみよう

シール

✿ つぎの ―― の 漢字《かんじ》の 読《よ》み方《かた》を 書《か》こう。

① 今朝は 早く おきた。［　　］

② 空が 晴れる。［　　］

③ 大きな 声《こえ》で 歌う。［　　］

④ 東京に 行《い》く。［　　］

⑤ 算数《さんすう》を 教わる。［　　］

⑥ 毛糸で あむ。［　　］

答えは91ページ ☞

場面《ばめん》を　読《よ》みとる

シール

月　日

とく点

点　合かく 40点

●読《よ》んで　答《こた》えましょう。

今《いま》は　そうじの　時間《じかん》で、みんなで　つくえを　はこんで　います。

「あ、いたい。何《なに》　するんだよ。」

さちおが　①大声《おおごえ》を　上げました。

「わざと　じゃない。たまたま　ぶつかっただけ　じゃないか。」

みきおが　言《い》いました。

「②そうか。でも　ぶつかったら　あやまるべきだろう。」

見て　いた　つかさが　言います。

みきおは　はっとして、

「ごめん。気を　つけるよ。」

と　あやまりました。

(1)　この場面《ばめん》は　何《なん》の　時間の　出来事《できごと》ですか。（10点《てん》）

「　　　　」

(2)　——①のように　さちおが　したのは　なぜですか。（10点）

「　　　　」

(3)　——②は　だれの　言葉《ことば》ですか。（10点）

「　　　　」

(4)　みきおは　さいごに　何を　しましたか。（20点）一つ10

「　　　　」に

「　　　　」。

答えは92ページ ☞

やってみよう

シール

✱ つぎの□に 漢字《かんじ》を 書《か》こう。

① □《にく》を □《みせ》で 買《か》う。

② 山の 方《ほう》で □《とり》が □《な》いて いる。

③ □《あたま》と □《くび》が かゆい。

④ □《ちか》くの □□《こうえん》で あそぶ。

答えは92ページ ☞

話《はなし》の　すじを　つかむ

シール　月　日　とく点　点　合かく40点

●読《よ》んで　答《こた》えましょう。

ぼくは　まあくんと　学校が　おわったら　あそぶ　やくそくを　して　いました。

しかし、やくそくの　時間《じかん》に　なっても　まあくんは　あらわれません。心配《しんぱい》に　なって、まあくんの　家《いえ》に　電話《でんわ》を　すると、お母《かあ》さんが、

「もう　家は　出たよ。」

と　言《い》いました。

げんかんで　まって　いると、

「時間　まちがえた。」

と　言いながら、走《はし》って　来《く》る　まあくんの　すがたが　見えました。

(1) ぼくは　まあくんと　いつ　あそぶ　やくそくを　して　いましたか。(10点《てん》)

[　　　　　　]

(2) ——と　ありますが、この　後《あと》、ぼくは　何《なに》を　しましたか。(10点)

[　　　　　　]

(3) ぼくは、まあくんを　どこで　まって　いましたか。(10点)

[　　　　　　]

(4) まあくんが　おくれたのは　なぜですか。(20点)

[　　　　　　]

答えは92ページ☞

やってみよう

シール

✿ つぎの □ に 漢字《かんじ》を 書《か》こう。

① □□《にっき》に □《おも》って いる ことを 書く。

② □《ふる》い 本を □《みち》で ひろう。

③ □《てら》の □《そと》を 見て 回《まわ》る。

④ □□《おんがく》と □□《こくご》が すきだ。

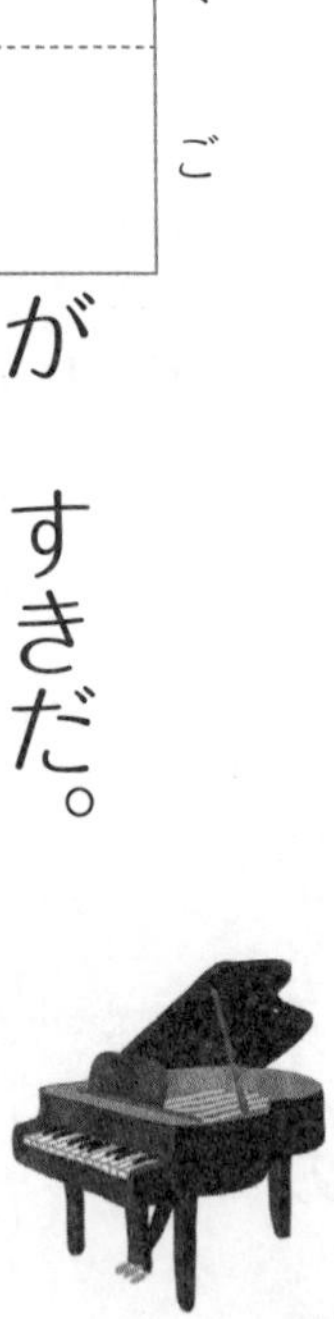

答えは92ページ ☞

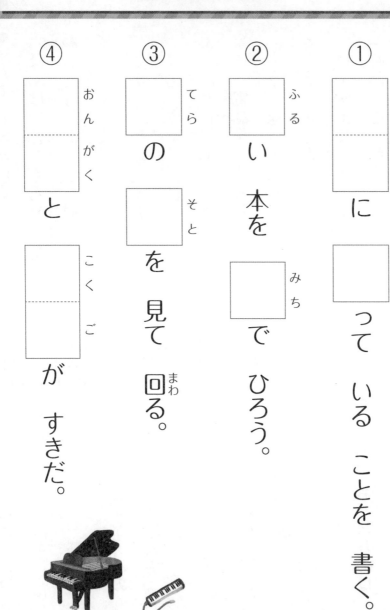

話題《わだい》を　読《よ》みとる

シール　月　日　とく点　点　合かく 40点

● 読《よ》んで　答《こた》えましょう。

いろいろ　ありまます。虫が　みを　まもる　ほうほうは

［①］、テントウムシのように　くさくて　にがい　しるを　出す　ものや、②アゲハチョウの　よう虫や　カメムシのように　いやな　においを　出す　もの、ゴミムシのように　どくガスを　出す　もの、また、ナナフシのように　えだや　はっぱの　まねを　する　ものも　あります。

これらは、小さくて　弱《よわ》い　虫たちが　生きのこる　ために　みに　つけた　ものなのです。

(1) ［①］に　入る　言葉《ことば》を　えらびましょう。（10点《てん》）

ア　たとえば　イ　また　ウ　しかし

［　　］

(2) ―②は、どのように　みを　まもりますか。（20点）

［　　］

(3) この　文章《ぶんしょう》の　話題《わだい》を　えらびましょう。（20点）

ア　小さくて　弱い　虫

イ　虫が　生きのこる　ほうほう

ウ　しるや　においを　出す　虫

［　　］

答えは92ページ

やってみよう

シール

✿ つぎの　絵《え》が　あらわす　漢字《かんじ》を　答《こた》えよう。

①

［　　　］

②

［　　　］

③

［　　　］

④

［　　　］

答えは92ページ ☞

LESSON 10

せつ明《めい》の じゅんじょ

シール

月　日

とく点　　点　合かく35点

●読《よ》んで 答《こた》えましょう。

アリは、土を 地面《じめん》の 外《そと》に 出し、それぞれの へやを 作《つく》ります。

たまごは、女王アリが 生みます。その たまごは、はたらきアリが、たまごの へやに はこびます。たまごから かえると、よう虫の へやに、その後《ご》、さなぎの へやに うつされます。[　　]、さなぎから かえった アリの ほとんどが はたらきアリに なります。

そして、その はたらきアリたちは また みんなと いっしょに しごとを するのです。

(1) [　　]に 入る 言葉《ことば》を えらびましょう。(20点《てん》)

ア しかし　イ また　ウ そして

[　　]

(2) アリの 一生に なるように じゅんに ならべましょう。(15点)

ア よう虫　イ たまご　ウ さなぎ

[　　]→[　　]→[　　]→アリ

(3) 書《か》かれて いる ことを じゅんに ならべましょう。(15点)

ア アリの 役目《やくめ》
イ アリの 一生
ウ へやの 作り方《かた》

[　　]→[　　]→[　　]

答えは92ページ

やってみよう

シール

下の 漢字《かんじ》の 読《よ》み方《かた》を ひらがなで 書《か》いて、クロスワードを かんせいさせよう。

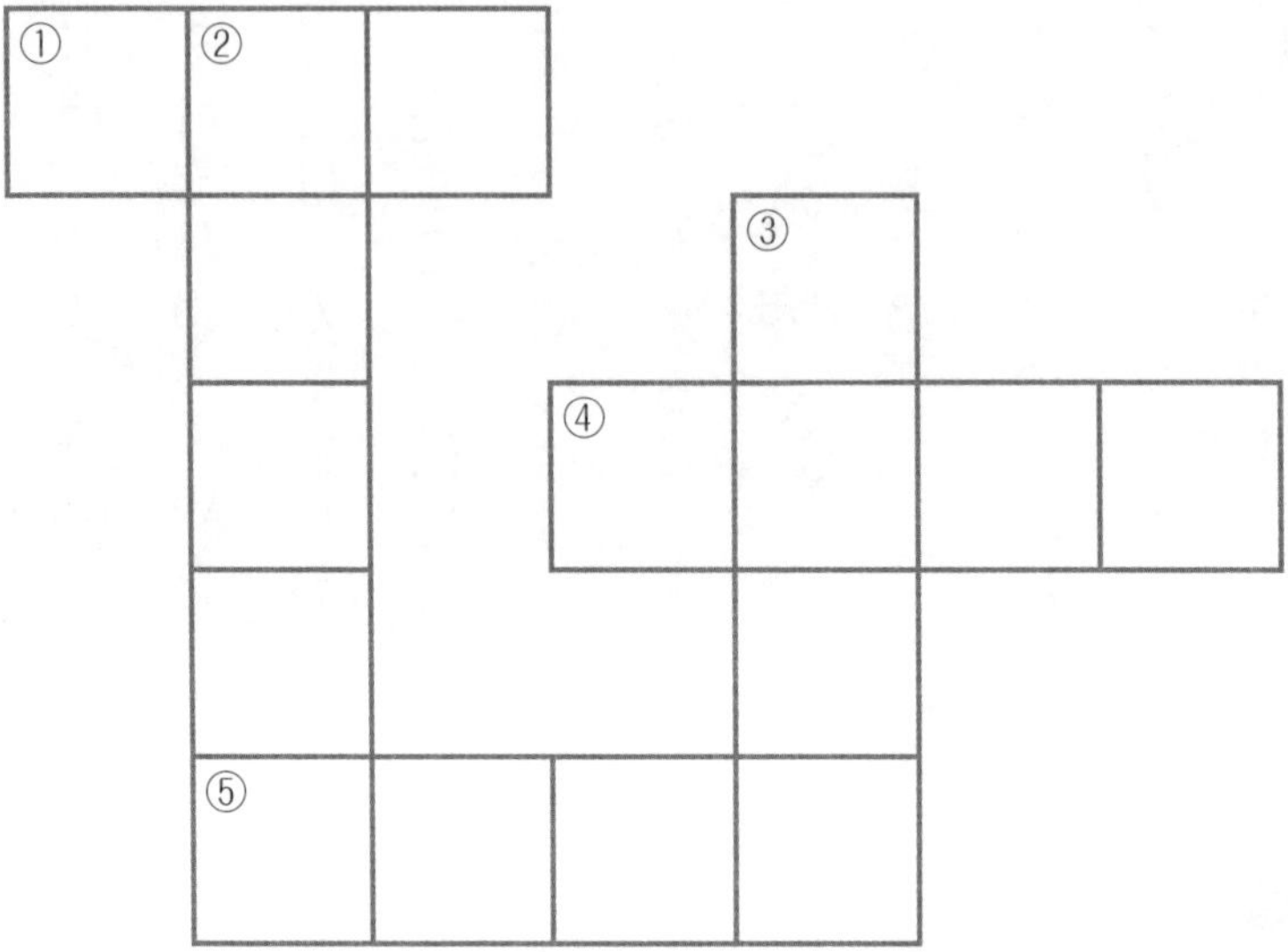

ヨコの かぎ

① 汽　車

④ 公　園

⑤ 森　林

タテの かぎ

② 新聞紙

③ 草　原

答えは92ページ

まとめテスト ①

シール

月　日

とく点

点 / 合かく 40点

● 読《よ》んで　答《こた》えましょう。

雪《ゆき》のような　①　い　ウサギが、足を　引《ひ》きずって　来《き》ました。

「どう　したの。」

リスが　心配《しんぱい》そうに　たずねます。

「ちょっと　あなに　おっこちて。」

「それは　たいへんだったね。」（②）

と　クマが　言《い》いました。

③、キツネも、

「よく　きく　やく草が　あるよ。」

と　声《こえ》を　かけました。

ウサギは、みんなの　気持《きも》ちが　うれしくて、足の　いたみが　やわらいだような　気が　しました。

(1) ①に　入る　色《いろ》を　書《か》きましょう。(10点《てん》)
［　　　　］

(2) ――②は　どんな　ことを　さして　いますか。(10点)
［　　　　］

(3) ③に　入る　言葉《ことば》を　えらびましょう。(10点)
ア　だが　　イ　ところが　　ウ　そして
［　　　　］

(4) この場面《ばめん》は、どんな　場面かを　書きましょう。(20点)一つ10
足を　引きずる［　　　　］を　みんなが［　　　　］して　いる　場面。

答えは92ページ

やってみよう

シール

✱ つぎの 二つの 言葉《ことば》を 組《く》み合《あ》わせて、一つの 言葉を 作《つく》ろう。

〔れい〕 見る ＋ おくる 〔 見おくる 〕

① 走《はし》る ＋ 回《まわ》る 〔　　　　〕

② のむ ＋ もの 〔　　　　〕

③ 細《ほそ》い ＋ 長《なが》い 〔　　　　〕

④ けす ＋ ゴム 〔　　　　〕

答えは92ページ ☞

LESSON 12

まとめテスト ②

シール

月　日

とく点

点 ／ 合かく 40点

● 読《よ》んで 答《こた》えましょう。

ナメクジに しおを かけると、①みるみる 小さく なります。

それは、ナメクジの 体《からだ》の ほとんどが、水で できて いて、その 水を しおが どんどん すいとって しまうからです。

人間《にんげん》も 体の 半分《はんぶん》ぐらいが 水で できて います。[②]、しおを さわっても、手は ちぢみません。それは、人間の ひふが しっかり して いて、ナメクジの 体の ひょうめんに ある うすい まくとは ちがって いるからです。

(1) ——①の いみを えらびましょう。(15点《てん》)

ア すぐに　イ ゆっくりと　ウ じょじょに　[　　]

(2) [②]に 入る 言葉《ことば》を えらびましょう。(15点)

ア しかし　イ そこで　ウ また　[　　]

(3) ナメクジに しおを かけると ちぢむのは なぜですか。(20点)一つ10

ナメクジは、[　　　]で おおわれた 体の ほとんどが [　　　]で できて いるから。

答えは92ページ ☞

やってみよう

シール

✿ つぎの 二つの 言葉《ことば》を 組《く》み合《あ》わせて、一つの 言葉を 作《つく》ろう。

① とぶ ＋ 出す 「　　」

② とる ＋ かえる 「　　」

③ うすい ＋ くらい 「　　」

④ 食《た》べる ＋ もの 「　　」

⑤ 弱《よわ》い ＋ 気 「　　」

答えは92ページ ☞

気持《きも》ちを　読《よ》みとる ①

シール

月　日

とく点　　点　合かく 40点

●読《よ》んで　答《こた》えましょう。

ゆずるは、すごく　おなかが　すいて　いました。れいぞうこの　中を　見ると、ケーキが　おいて　あります。ゆずるは、①にっこりして、その　ケーキを　食《た》べました。

食べおわった　ころ　お姉《ねえ》ちゃんが　帰《かえ》って　来《き》ました。

「わたしの　ケーキは？」

と、お母《かあ》さんに　聞《き》いて　います。

「あれは、お姉ちゃんの　ものだったんだ。」

②ゆずるは、どきどきして　お姉ちゃんの　顔《かお》が　見られませんでした。

(1) ゆずるが　ケーキを　食べたのは、なぜですか。(10点《てん》)

「　　　　」

(2) ——①の　ゆずるの　気《き》持《も》ちを　えらびましょう。(20点)

ア 姉《あね》の　ケーキを　食べよう。
イ ケーキは　大すきだ。
ウ ケーキが　あって　うれしい。

「　　」

(3) ——②の　ゆずるの　気持ちを　書《か》きましょう。(20点)一つ10

「　　」の　ケーキを　自分《じぶん》が　「　　」を　知《し》られたら　どう　しよう。

やってみよう

シール

✻ 上の　言葉《ことば》と　下の　言葉を　――で　つなごう。

① ひりひり・　　・ア 歩《ある》く

② はきはき・　　・イ 光《ひか》る

③ とぼとぼ・　　・ウ 話《はな》す

④ きらきら・　　・エ いたい

⑤ ぷんぷん・　　・オ おこる

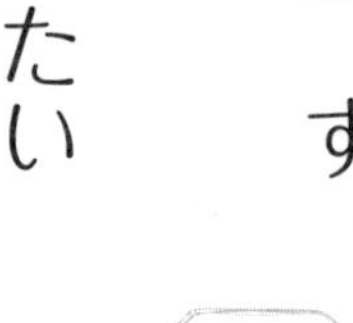

様子《ようす》を　そうぞうして、
合《あ》う　ものを　さがそう。

答えは92ページ ☞

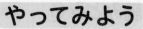

気持《きも》ちを　読《よ》みとる ②

シール

月　日

とく点

点　合かく40点

● 読《よ》んで　答《こた》えましょう。

客間《きゃくま》に　ある　①花びんを　あやまって　おとして　しまった。それは、お母《かあ》さんが　大切《たいせつ》に　して　いたものだった。

②ぼくが　おどおどして　いると、お兄《にい》ちゃんが、③けがは　ないかと心配《しんぱい》して　よって　来《き》て、てきぱきと　かたづけて　くれた。

「お兄ちゃん、ありがとう。」

お兄ちゃんは、ぼくと　一つしかちがわないけど、とても　しっかりした　たよりに　なる　兄《あに》だと　思《おも》った。

(1) ——①を　お母さんは　どのように思って　いましたか。（10点《てん》）

［　　　　］

(2) ——②の　ぼくの　気《き》持《も》ちを　えらびましょう。（20点）

ア　どう　したら　いいんだろう。

イ　新《あたら》しく　花びんを　買《か》おう。

ウ　早く　かたづけて　しまおう。

［　　］

(3) ——③を　見て、ぼくは　お兄ちゃんを　どのように　思いましたか。（20点）

［　　　　］

答えは92ページ ☞

やってみよう

シール

✻ つぎの［　］に　入る　言葉《ことば》を □ から　一つずつ　えらんで　書《か》こう。

① 雨が［　　　　］ふる。

② かみなりが［　　　　］光《ひか》る。

③ ちょうが［　　　　］まう。

④ アイスが［　　　　］とける。

⑤ 赤ちゃんが［　　　　］歩《ある》く。

よちよち
どろどろ
ぴかぴか
しとしと
ひらひら

答えは92ページ

気《き》持《も》ちを　読《よ》みとる ③

シール

月　日

とく点

点　合かく 40点

● 読《よ》んで　答《こた》えましょう。

山を　のぼって　いた　とき、①お父《とう》さんが　足を　ふみはずして、うごけなく　なりました。どうしよう。あたりを　通《とお》る　人は　いないし、ここは　電《でん》話《わ》も　つかえません。なんだか、雨も　ふりそうです。

とても　②　です。

「たすけを　よんで　来《き》て。」

と、お父さんが　言《い》いました。

ぼくは、一人では　心細《こころぼそ》いから、③いやだったけど、ぼくが　行《い》かないと　お父さんが　たすからないと　思《おも》い直《なお》し、山を　下りました。

(1) ——①の　ときの　ぼくの　気《き》持《も》ちを　えらびましょう。(10点《てん》)

ア　たすけたいと　思った。

イ　どう　しようと　思った。

ウ　だいじょうぶだと　思った。

［　　］

(2) ②に　入る　気持ちを　えらびましょう。(20点)

ア　心配《しんぱい》　イ　ゆかい

ウ　がっかり

［　　］

(3) ——③の　気持ちに　なった　理《り》由《ゆう》を　書《か》きましょう。(20点)

［　　］

答えは93ページ ☞

やってみよう

シール

✱ つぎの［　］に　入る　言葉《ことば》を □ から　一つずつ　えらんで　書《か》こう。

① 時《じ》間《かん》を［　　　］まもる。

② ［　　　］わらう。

③ ［　　　］えきに　ついた。

④ ［　　　］すばらしい。

⑤ ［　　　］見る。

たいへん
しっかり
にっこり
じっと
やっと

答えは93ページ ☞

理由《りゆう》を　おさえる ①

シール　　月　日　とく点　　点／合かく40点

●読《よ》んで 答《こた》えましょう。

　ウサギの 耳が ほかの どうぶつより 長《なが》いのは なぜでしょう。

　耳は 大きいほど 音を たくさん あつめる ことが できます。

　ウサギは、強《つよ》い きばや つめが ないので、おそわれた 時《とき》に、相手《あいて》を たおせません。①ひたすら にげる ことしか できないのです。

　そこで、自分《じぶん》を ねらう てきを いち早く 知《し》る ためには、小さな 音でも 聞《き》きのがしては、ならないのです。

　[②]、耳が 長いのです。

(1) ――①の 理由《りゆう》を 書《か》きましょう。(20点《てん》)

［　　　　　］

(2) [②]に 入る 言葉《ことば》を えらびましょう。(10点)

ア そのうえ　イ だから　ウ しかし

［　　　］

(3) ウサギの 耳が 長い 理由を 書きましょう。(20点)一つ10

自分に 近《ちか》づいて くる ［　　　］の ［　　　］を、聞きのがさない ため。

答えは93ページ

やってみよう

シール

＊つぎの ――の 漢字《かんじ》の 読《よ》み方《かた》を 書《か》こう。

① 麦茶を のむ。［　　］

② 光《ひかり》を 当てる。［　　］

③ 少し おくれる。［　　］

④ 父《ちち》が 元気に なる。［　　］

⑤ 三角じょうぎ。［　　］

⑥ 午後、出かける。［　　］

答えは93ページ ☞

理由《りゆう》を　おさえる②

シール

月　日

とく点

点／合かく40点

●読《よ》んで　答《こた》えましょう。

金魚《きんぎょ》は　はじめ　中国《ちゅうごく》で　見つかりました。黒《くろ》い　フナの　中に　とつぜん　赤い　色《いろ》を　した　金魚が　あらわれたのです。

日本には、千五百年ごろ　つたわって　来《き》ました。はじめは　お金もちが　見て　楽《たの》しむ　ものでしたが、その後《ご》、その　うつくしさが　人気に　なり、しょみんにも　広《ひろ》まりました。うつくしい　形《かたち》や　もようが　けんきゅうされ　はじめました。

その　けっか、今《いま》では、その　しゅるいは　数百《すうひゃく》にも　なって　います。

(1)　フナの　中から　金魚を　見つける　ことが　できる　理由《りゆう》を　書《か》きましょう。(20点《てん》)一つ10

「　　　」い　フナの　中に

「　　　」い　金魚が　いたから。

(2)　金魚が　しょみんにも　広まった　理由を　書きましょう。(15点)

「　　　」

(3)　——のように　なった　理由を　書きましょう。(15点)

「　　　」

答えは93ページ

やってみよう

シール

✱ つぎの□に 漢字《かんじ》を 書《か》こう。

① □《ふうせん》を □《いもうと》に わたす。

② お□《かあ》さんの □《とけい》を かりる。

③ もんだいの □《こた》え□《あ》わせを する。

④ □《よぞら》に □《ほし》が うかんで いる。

答えは93ページ ☞

理由《りゆう》を　おさえる③

シール

月　日

とく点

点　合かく40点

●読《よ》んで　答《こた》えましょう。

ラクダの　こぶは　何《なん》の　ためにあるのでしょう。

こぶの　中には、えいようになる　*しぼうが　あります。食《た》べもののない　さばくでは、この　しぼうが　食べものの　かわりに　なるので、ラクダは、①何《なに》も　食べなくても　平気《へいき》です。

また、こぶには、太陽《たいよう》の　ねつをさえぎる　役目《やくめ》も　あります。

[②]、③ラクダは　あつい　さばくでも　ずっと　歩《ある》く　ことが　できるのです。

*しぼう＝体《からだ》の　中の　あぶら。

(1)　――①の　理由《りゆう》を　書《か》きましょう。(20点《てん》)一つ10

こぶの　中に　ある

［　　　］の［　　　］が、かわりに　なるから。

(2)　[②]に　入る　言葉《ことば》を　えらびましょう。(10点)

ア　しかし　イ　そして　ウ　だから　［　　］

(3)　――③の　理由を　書きましょう。(20点)

こぶが［　　　　］を　さえぎって　くれるから。

答えは93ページ

やってみよう

シール

✿ つぎの□に　漢字《かんじ》を　書《か》こう。

① □□《じぶん》で　□《か》いものに　行《い》く。

② □《いえ》の　□《まえ》で　まって　いる。

③ 朝《あさ》も　□《ひる》も　□《うま》を　見た。

④ □《うし》が　□《いけ》の　そばを　歩《ある》く。

答えは93ページ ☞

大事《だいじ》な　ことを読《よ》みとる ①

シール

月　日

とく点

点　合かく40点

● 読《よ》んで　答《こた》えましょう。

①あれ、ここは　どこだ。②だれもいない。ぼくは、空を　ただよう風船《ふうせん》が　どこへ　行《い》くのか　知《し》りたくて、その　風船に　ついて　きてしまいました。

まわりには、お父《とう》さんと　お母《かあ》さんが　いません。こわくて　なきだしそうです。いつも、お母さんに、一人で　行動《こうどう》しては　いけないと　言《い》われて　いたのに……。ぼくは、③自分《じぶん》を　なさけなく　思《おも》いました。

風船に　ついて　いっては　いけなかったのだと　思いました。

(1) ——①と　思った　ときの、ぼくの　様子《ようす》を　書《か》きましょう。（20点《てん》）

［　　　　］

(2) ——②と　気づいた　とき、ぼくは　本当《ほんとう》は　だれが　いると　思って　いましたか。（10点）

［　　　　］

(3) ——③の　理由《りゆう》を　書きましょう。（20点）一つ10

お母さんに、

［　　　　］と　言われて　いたのに、一人で

風船に［　　　　］から。

答えは93ページ

やってみよう

シール

✿ つぎの □ に 漢字《かんじ》を 入れて、四つの 言葉《ことば》を 作《つく》ろう。

①

土 ↓ □ ↓ 方

大 → □ → 図

②

算 ↓ □ ↓ 字

日 → □ → 人

③

外 ↓ □ ↓ 王

雪 → □ → 語

④

月 ↓ □ ↓ 空

今 → □ → 中

答えは93ページ ☞

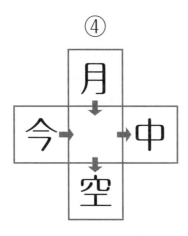

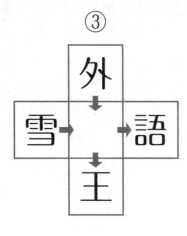

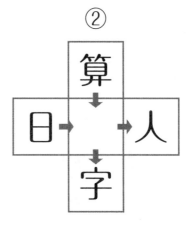

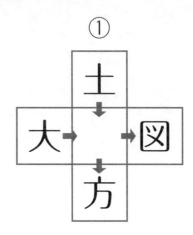

大事《だいじ》な　ことを 読《よ》みとる ②

シール

月　日

とく点　　点　合かく40点

●読《よ》んで　答《こた》えましょう。

わたしは、すきな　ものを　さいごに　食《た》べたいので、大すきな　チヨコを　のこして　いたら、あさこちゃんが、

「みよちゃん。チョコ　きらいなの？　①じゃあ、もらうね。」

と　食べようと　しました。

「え、まって。大すきだから　とって　あるんだけど。」
②「え、大すきな　ものは、はじめに食べるよね。」
人に　よって、考《かんが》え方《かた》が　まるでちがうと　思《おも》いました。

(1)　――①は　だれの　何《なに》を　もらおう　としたのですか。（20点《てん》）一つ10

［　　　］の［　　　］。

(2)　――②は　だれの　言葉《ことば》ですか。（10点）

［　　　］

(3)　二人は　大すきな　ものを　それぞれ　どう　しますか。（20点）一つ10

みよ［　　　］

あさこ［　　　］

答えは93ページ

やってみよう

シール

＊ 下の 漢字《かんじ》の 読《よ》み方《かた》を ひらがなで 書《か》いて、クロスワードを かんせいさせよう。

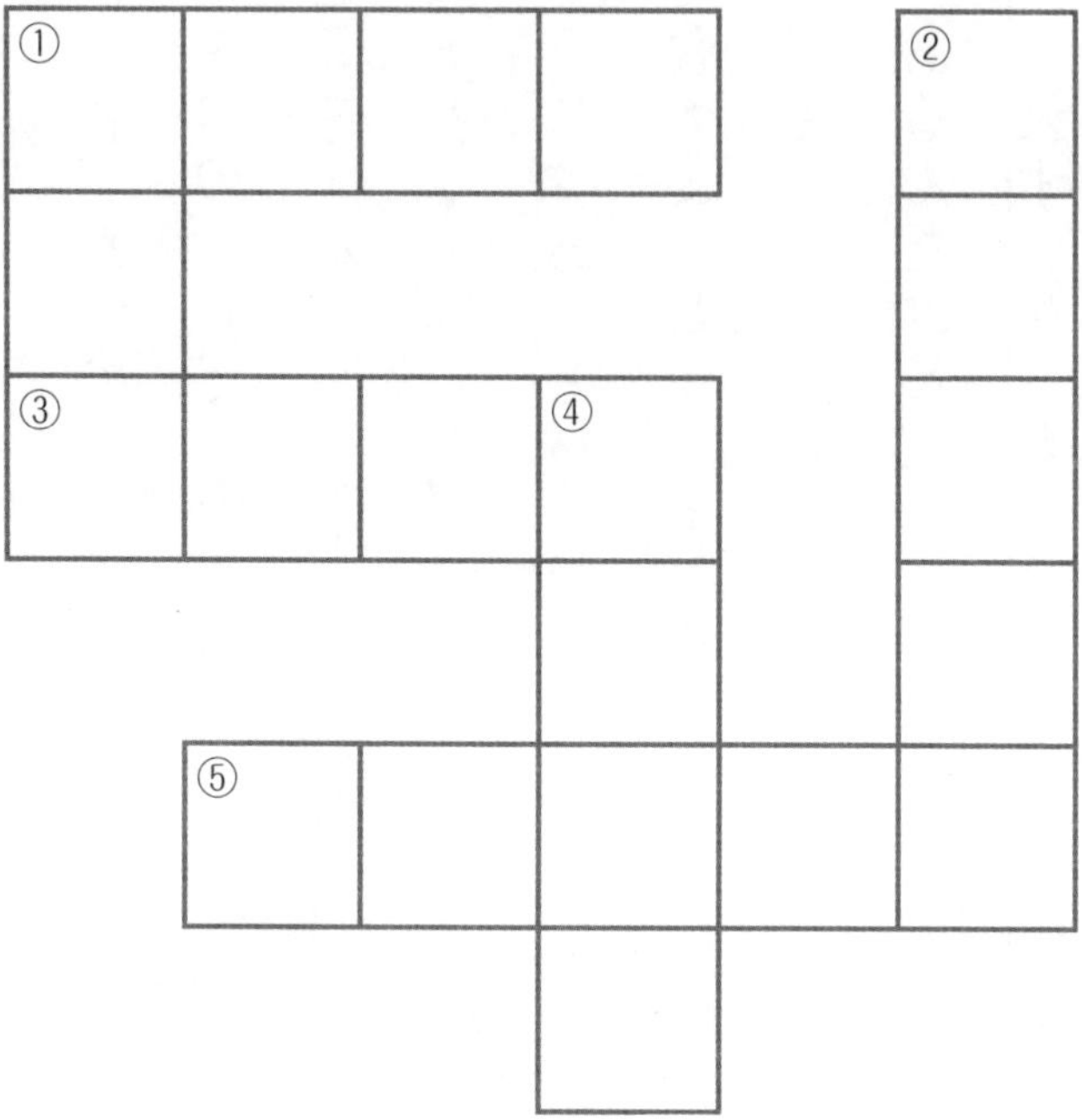

ヨコの かぎ

① 多 少
③ 毎 朝
⑤ 夕 食

タテの かぎ

① 谷 間
② 牛 肉
④ 細 心

答えは93ページ ☞

大事《だいじ》な　ことを読《よ》みとる ③

シール

月　日

とく点

点　合かく40点

●読《よ》んで　答《こた》えましょう。

先日、公園《こうえん》に　うえた　チューリップが　あらされると　いう　じけんが　ありました。その　はんにんは、なんと　野生《やせい》の　シカでした。シカは、しばや　木の　めを　食《た》べるのですが、まさか、①チューリップの　新《しん》めまで　食べるとは……。

後《あと》一か月で　②「チューリップまつり」が　ひらかれます。それまでに　花　いっぱいに　しようと　思《おも》って　いる　③人間《にんげん》と、新めを　食べる　シカとの　たたかいは、まだまだ　つづいて　いきます。

(1)　――①を　食べたのは　何《なん》でしたか。（10点《てん》）

［　　　　］

(2)　――②は、どれぐらい　後に　ひらかれますか。（20点）

［　　　　］後。

(3)　――③は　人間と　シカが　それぞれ　どのように　したいと　思って　いるから　おきるのですか。（20点）一つ10

人間

［　　　　］

シカ

［　　　　］

答えは93ページ

やってみよう

シール

＊上の 言葉《ことば》と 下の 言葉が はんたいの いみに なるように ——で つなごう。

① 入る・　　・ア 買《か》う
② 売《う》る・　　・イ 細《ほそ》い
③ 下がる・　　・ウ やすい
④ 太《ふと》い・　　・エ 出る
⑤ 高《たか》い・　　・オ 上がる

答えは93ページ

大事《だいじ》な　ことを読《よ》みとる ④

シール

月　日

とく点

点　合かく40点

● 読《よ》んで　答《こた》えましょう。

言葉《ことば》を　話《はな》せる　鳥《とり》と、話せない鳥が　いるのは　なぜでしょう。

それは、話せる　鳥の　したやのどの　仕組《しく》みが、人間《にんげん》の　それににて　いるからです。

もともと　鳥は　ひなの　時《とき》に、親《おや》や　なかまの　声《こえ》を　まねして、鳴《な》き方《かた》を　おぼえます。オウムなど言葉を　話せる　鳥も　そうなのですが、人間に　かわれて　いるので、まわりには　人間しか　いません。だから、人間の　言葉を　話す　ことが　できるのです。

(1) ――と　して、どんな　鳥が　書《か》かれて　いますか。(10点《てん》)

「　」

(2) 鳥は　何《なに》を　して　鳴き方を　おぼえますか。(20点)

「　」

(3) ――が　人間の　言葉を　話せる理由《りゆう》を　書きましょう。(20点)一つ10

その　鳥の「　」の　仕組みが　人間に　にて　いて、「　」を　おぼえる　時に　まわりに　人間しかいないから。

答えは93ページ

やってみよう

シール

✱ 上の 言葉《ことば》と 下の 言葉が はんたいの いみに なるように ―― で つなごう。

① 新《あたら》しい ・　　・ ア 左

② 右 ・　　・ イ くらい

③ 南《みなみ》 ・　　・ ウ 古《ふる》い

④ 明《あか》るい ・　　・ エ 前《まえ》

⑤ 後《うし》ろ ・　　・ オ 北《きた》

答えは93ページ

まとめテスト ③

シール　月　日　とく点　点　合かく40点

● 読《よ》んで 答《こた》えましょう。

明日《あす》は、まちに まった 遠足《えんそく》です。でも、天気よほうでは、雨のようです。

みかさんは 明日 晴《は》れるように、①てるてるぼうずを 作《つく》りはじめました。一つでは ねがいが かなわない 気が して、②小さいのも 作っていると、妹《いもうと》が、

「わたしと お姉《ねえ》ちゃんみたい。」

と 言《い》ったので、③ほかの 家族《かぞく》の 分《ぶん》も 作る ことに しました。

今《いま》、四つの ④ は、のき下で なかよく ゆれて います。

(1) ――①の ときの みかさんの 気《き》持《も》ちを 書《か》きましょう。（10点《てん》）

［　　　　］

(2) ――②を 作った 理由《りゆう》を 書きましょう。（10点）

［　　　　］

(3) ――③と ありますが、ぜんぶで いくつの てるてるぼうずを 作りましたか。（10点）

［　　］つ

(4) ④ に 入る 言葉《ことば》を 書きましょう。（20点）

［　　　　］

答えは94ページ

やってみよう

シール

✿おくりがなの　正しい　ほうの　記号《きごう》を　えらぼう。

① もちいる　［ア 用いる　イ 用る］

② きこえる　［ア 聞こえる　イ 聞える］

③ まじわる　［ア 交わる　イ 交る］

④ あたる　［ア 当る　イ 当たる］

⑤ わかれる　［ア 分かれる　イ 分れる］

答えは94ページ ☞

まとめテスト ④

シール

月　日

とく点

点　合かく 40点

● 読《よ》んで 答《こた》えましょう。

スペインの マイヨンと いう 町では、たまごと オリーブが 多《おお》く 作《つく》られて いました。そして、それらを つかって 人々《ひとびと》は ソースも 作って いたのですが、これが、「マヨネーズ」の もとに なったと いう せつも あります。

そして、ここを おとずれた フランス人が、この ソースを 「マイヨンふう」と いう いみの 「マイヨンネーズ」と よんだ ことから つけられたと いう ことです。

(1) ――に つかわれて いる ものを、すべて 書《か》きましょう。（20点《てん》）

［　　　　］

(2) ――が 「マヨネーズ」と よばれる ように なった 理由《りゆう》を 書きましょう。（20点）一つ10

［　　　　］の 町に 来《き》た フランス人が、その 土地《とち》の ソースを ［　　　　］と よんだから。

(3) 「マヨネーズ」の もとに なった ソースは、どこの 国《くに》の ものですか。（10点）

［　　　　］

答えは94ページ

やってみよう

シール

✿つぎの ——の おくりがなが 正しければ ○、まちがって いる ときは 正しい おくりがなに 直《なお》して 書《か》こう。

① 親しい 友《とも》だちと あそぶ。 [　　]

② 計算《けいさん》の 答《こた》えを 合せる。 [　　]

③ 明日《あす》は、晴ると いいな。 [　　]

④ 遠足《えんそく》に 行《い》くのが 楽しみだ。 [　　]

⑤ 車が きゅうに 止る。 [　　]

答えは94ページ ☞

物語《ものがたり》 ①

シール

月　日

とく点

点／合かく40点

●読《よ》んで　答《こた》えましょう。

なつみと　お姉《ねえ》ちゃんは　お母《かあ》さんと　やくそくを　して　います。それは　五時《ごじ》までに　家《いえ》に　帰《かえ》る　ことです。

あたりは　だんだんと　赤い　絵《え》のぐで　かいたように　①　が　広《ひろ》がって　きました。カラスも　カーカーと　鳴《な》きながら　とんで　行《い》きます。

「早く　帰らなきゃ。」

なつみたちは　顔《かお》を　見合《みあ》わせ、家への　道《みち》を　②いちもくさんに　走《はし》り出しました。

(1) なつみは　だれと　どんな　やくそくを　しましたか。(20点《てん》)一つ10

だれ［　　　　］

どんな［　　　　］

(2) ①　に　入る　言葉《ことば》を　えらびましょう。(10点)

ア　朝《あさ》やけ　イ　夕やけ

ウ　星空《ほしぞら》　［　　］

(3) ――②のように　行動《こうどう》した　理由《りゆう》を　えらびましょう。(20点)

ア　五時までに　帰りたいから。

イ　くらくなると　こわいから。

ウ　お姉ちゃんと　きょうそうしたかったから。

［　　］

答えは94ページ

やってみよう

シール

✿ つぎの ――の 漢字《かんじ》の 読《よ》み方《かた》を 書《か》こう。

① 遠足は 楽《たの》しい。［　　］

② まちがいが 多い。［　　］

③ 兄弟で あそぶ。［　　］

④ 強弱を つける。［　　］

⑤ 太い 字を 書く。［　　］

⑥ 人形を もらう。［　　］

答えは94ページ ☞

し ①

シール

月　日

とく点

点／合かく40点

● 読《よ》んで　答《こた》えましょう。

[　　]

黄色《きいろ》い　たんぽぽが　さいて　いる
ほら　見て
ミツバチが　やって　きた

もも色の　さくらが　さいて　いる
木の　間《あいだ》で
メジロが　かくれんぼ

あれ？
あの　黒《くろ》い　かげは　何《なに》？
ツバメ
遠《とお》くから　とんで　きたのかな

(1) たんぽぽの　ところに　きたのは　何《なん》ですか。(10点《てん》)
[　　　]

(2) メジロは　何を　して　いますか。(10点)
[　　　]

(3) ――は　何の　こと　ですか。(10点)
[　　　]

(4) しの　題名《だいめい》を　えらびましょう。(20点)
ア　春《はる》　イ　夏《なつ》
ウ　秋《あき》　エ　冬《ふゆ》
[　　　]

答えは94ページ

やってみよう

シール

✿ つぎの □に 漢字《かんじ》を 書《か》こう。

① よわよわしい □《こえ》が □《き》こえた。

② □□《さんすう》の テストで □《たか》い 点《てん》を とる。

③ 古《ふる》い □《かたな》を □《う》る。

④ 船《ふね》が □《ひろ》い □《うみ》を すすむ。

答えは94ページ ☞

せつ明文《めいぶん》①

シール

月　日

とく点　　点／合かく40点

● 読《よ》んで 答《こた》えましょう。

ホットケーキの ざいりょうは、たまごと 牛《ぎゅう》にゅう、小麦《こむぎ》こです。

まず、ボールに 小麦こと たまごと 牛にゅうを 入れて まぜます。この 時《とき》、まぜ方《かた》が 足りないと 小麦こが とけずに のこるので、よく まぜるように します。

つぎに、フライパンを あたためて まぜた ものを 入れて やきます。ひょうめんが ぷくぷくして きたら やけて います。うらがえして、少《すこ》し やいたら できあがりです。

---

(1) ――のように しないと どう なりますか。（15点《てん》）

［　　　　　　　　］

(2) どう なったら、やけた ことが わかりますか。（15点）

［　　　　　　　　］

(3) ホットケーキは、どのように 作《つく》りますか。（20点）一つ10

まず、三つの ［　　　　］ を まぜ、つぎに、［　　　　］ で やきます。

答えは94ページ

やってみよう

シール

✿ つぎの □ に 漢字《かんじ》を 書《か》こう。

① □□《きょうしつ》の □《と》を あける。

② □《いわ》の 間《あいだ》から □《くも》が 見える。

③ □□《ずこう》の 時《じ》間《かん》に □《え》を かく。

④ □□《しんゆう》に □□《でんわ》を かける。

答えは94ページ ☞

生活文《せいかつぶん》①

シール

月　日

とく点

点　合かく40点

● 読《よ》んで　答《こた》えましょう。

わたしが　大切《たいせつ》に　して　いるのは、インコです。名前《なまえ》は、チュンと　いいます。

チュンの、羽《はね》は　黄色《きいろ》です。チュンを　かごから　出して　やると、うれしそうに　わたしの　かたや　頭《あたま》に　のって　きます。

また、わたしが　学校から　帰《かえ》って、げんかんの　とびらを　あけると　うれしそうに　鳴《な》きます。とても　かわいいです。

これからも、たくさん　あそんで　あげたいです。

(1) わたしが　大切に　して　いる　ものは　何《なん》ですか。(10点《てん》)

［　　　］

(2) チュンは　どんな　様子《ようす》を　した　鳥《とり》ですか。(20点)

［　　　］の　鳥。

(3) わたしと　いっしょに　いる　ときの　チュンは、どんな　様子ですか。(10点)

［　　　］

(4) わたしは、チュンと　これから　どう　したいと　思《おも》って　いますか。(10点)

［　　　］

答えは94ページ ☞

やってみよう

シール

✿ つぎの□に 入る 漢字《かんじ》の 部分《ぶぶん》を 書《か》こう。

（れい）□舌 □売 □己 → ［言］

① □也 □毎 □舌 → ［　］

② □泉 □氏 □且 → ［　］

③ □ヨ □电 □云 → ［　］

④ □青 □翟 □寺 → ［　］

答えは94ページ ☞

物《もの》語《がたり》②

シール

月　日
とく点
点　合かく40点

●読《よ》んで 答《こた》えましょう。

「ああ、家《いえ》に 帰《かえ》りたいな。」
ほしこは、空を 見上げて ため
いきを ついて います。
「どう したんだい。かわいい お
星《ほし》さま。」
ふうたが 声《こえ》を かけます。
「雲《くも》から おちて しまったけれど、
お父《とう》さん お母《かあ》さんは 元《げん》気《き》かな。
心《しん》配《ぱい》して いないかな。」
「じゃあ、風《かぜ》の ぼくが お家まで
はこんで あげよう。」
ふうたは ほしこを のせて 空
へ むかいました。

(1) ほしこと ふうたは、それぞれ 何《なん》ですか。(10点《てん》)一つ5

ほしこ［　　］
ふうた［　　］

(2) ほしこが ここに いる 理《り》由《ゆう》を 書《か》きましょう。(20点)

［　　］

(3) ――と ふうたが 言《い》った 理由を えらびましょう。(20点)

ア ほしこに たのまれたから。
イ 両《りょう》親《しん》が 心配して いるから。
ウ ほしこが 帰りたがって いるから。

［　　］

答えは94ページ☞

やってみよう

シール

✿下の 漢字《かんじ》の 読《よ》み方《かた》を ひらがなで 書《か》いて、クロスワードを かんせいさせよう。

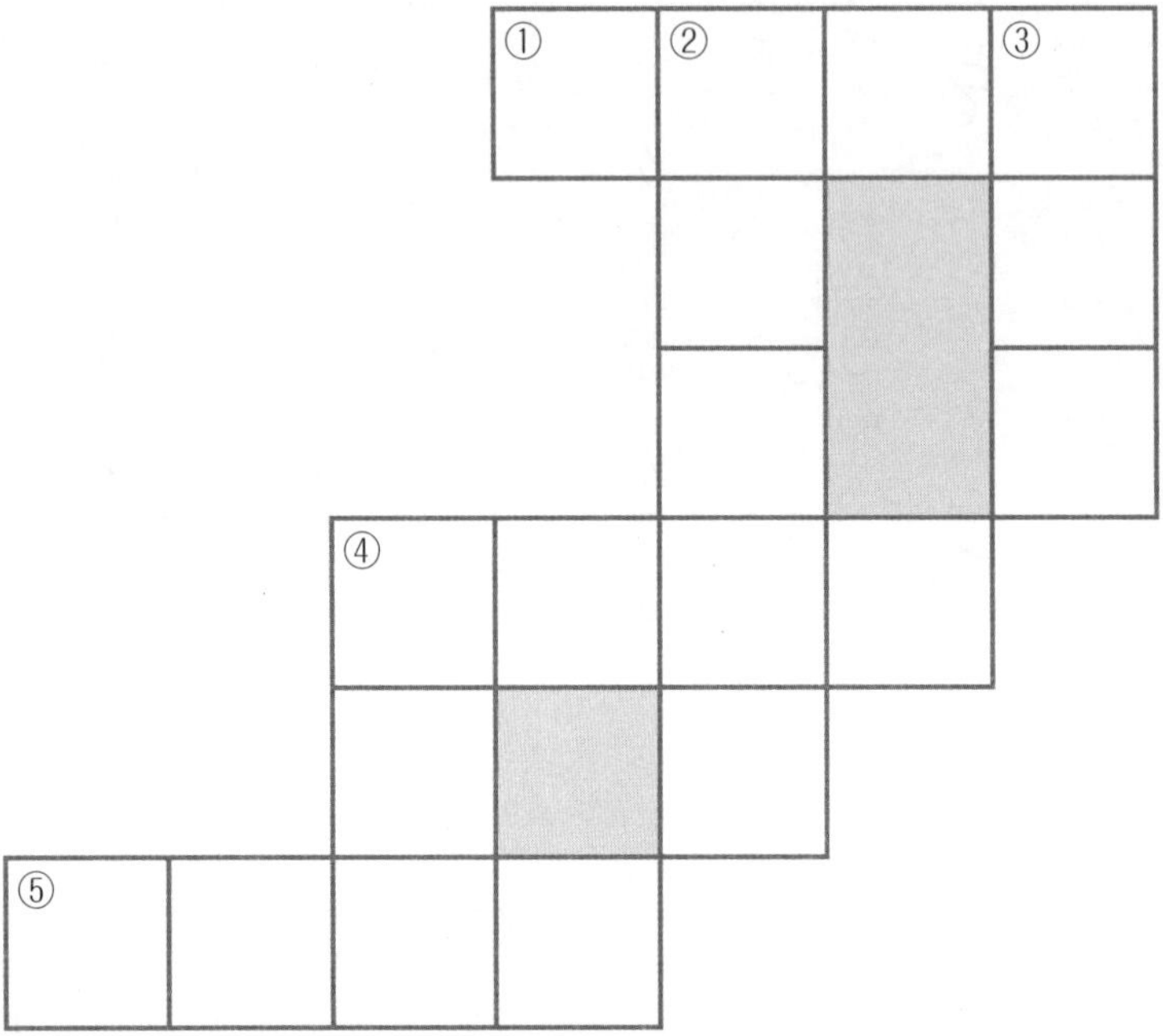

ヨコの かぎ

① 父 親
④ 読 書
⑤ 当 日

タテの かぎ

② 中 心
③ 野 生
④ 同 時

答えは94ページ ☞

手《て》紙《がみ》①

シール

月　日

とく点　　点　合かく40点

●読《よ》んで　答《こた》えましょう。

おじいさん、おばあさん。
お元気《げんき》ですか。ぼくは　元気です。
お正月には、たくさんの　ごちそうや、お年玉を　ありがとうございました。
①妹《いもうと》と　楽《たの》しかったねと　話《はなし》をしていたのですが、今度《こんど》の　夏休《なつやす》みは、きょうだいだけで　電車《でんしゃ》で　行《い》くつもりです。くわしい　ことは電話《でんわ》で　そうだんします。
［②］、会《あ》える　日を　楽しみにして　います。
さようなら

(1) この　手《て》紙《がみ》は、だれに　あてた　手紙ですか。（10点《てん》）

［　　　　］

(2) ——①と　ありますが、いつ　行ったのですか。（15点）

［　　　　］

(3) ぼくと　妹は　夏休みに　何《なに》を　つかって　行く　つもりですか。（15点）

［　　　　］

(4) ［②］に　入る　言葉《ことば》を　えらびましょう。（10点）

ア　では　　イ　または
ウ　しかし

［　　　　］

答えは94ページ☞

やってみよう

シール

✿ つぎの ――を 漢字《かんじ》と おくりがなで 書《か》こう。

① 家《いえ》に かえる。
[　　　]

② こまかい もよう。
[　　　]

③ あかるい 光《ひかり》。
[　　　]

④ おかしを わける。
[　　　]

⑤ 人が とおる。
[　　　]

⑥ パンを たべる。
[　　　]

答えは94ページ

せつ明文《めいぶん》 ②

シール

月　日

とく点

点　合かく40点

● 読《よ》んで　答《こた》えましょう。

ふじさんは　日本で　いちばん高《たか》い　山ですが、どのように　してできたか　知《し》って　いますか。

火山と　いうのは、地下《ちか》の　マグマが　ふん火して、それが　地上でひえて　かたまり、つみかさなって　山に　なった　ものです。ふじさんも　いっしょで　大きな　ふん火が三回《さんかい》　かさなって、今《いま》のような　形《かたち》に　なりました。

ふん火が　はじまったのは、およそ　一万一千年前《いちまんいっせんねんまえ》。さいごの　ふん火は　えど時代《じだい》だったそうです。

(1) ふじさんは、どのような　山ですか。（10点《てん》）

［　　　　］

(2) ――は　何回目《なんかいめ》の　ふん火ですか。（10点）

［　　］回目

(3) ふじさんは、どのように　して　できましたか。（30点）一つ10

ほかの［　　　］と　同《おな》じように、［　　　］が　ふん火で　地上に　出て、ひえかたまり、

［　　　　］できた。

答えは95ページ

やってみよう

シール

✿ つぎの 色《いろ》の ついた 部《ぶ》分《ぶん》は、何《なん》画《かく》目《め》に 書《か》きますか。漢《かん》字《じ》で 数《かず》を 答《こた》えよう。

① 里 [　　] 画目

② 止 [　　] 画目

③ 万 [　　] 画目

④ 米 [　　] 画目

⑤ 毛 [　　] 画目

答えは95ページ ☞

し②

シール

月　日
とく点
点／合かく40点

● 読《よ》んで 答《こた》えましょう。

犬の しっぽ

よろこびも かなしみも
そして いかりも
あらわす ことが できる もの
くるくる 回《まわ》る
パタパタ よこに
じっと うごかず 丸《まる》まって
①は
顔《かお》 見て 気《き》持《も》ちを 知《し》るが
②きみは
しっぽで 気持ちを 出す
今日《きょう》は どんな 気分《きぶん》かな
今日は どんな うごきかな

(1) 犬が しっぽで あらわす 気持ちを 三つ 書《か》きましょう。(30点《てん》)一つ10

[　　] [　　] [　　]

(2) ①に 入る 言葉《ことば》を えらびましょう。(10点)

ア さる
イ 人
ウ 犬

[　　]

(3) ――②は だれの ことですか。(10点)

[　　]

答えは95ページ ☞

やってみよう

シール

つぎの色《いろ》のついた部分《ぶぶん》は、何画目《なんかくめ》に書《か》きますか。
漢字《かんじ》で数《かず》を答《こた》えよう。

① 馬 〔　　〕画目

② 何 〔　　〕画目

③ 図 〔　　〕画目

④ 点 〔　　〕画目

⑤ 海 〔　　〕画目

答えは95ページ

物《もの》語《がたり》③

シール

月　日

とく点

点　合かく40点

●読《よ》んで 答《こた》えましょう。

ごうくんは、食《た》べては だめと 言《い》われて いる チョコを 食べたくて しかたが ありません。ゲームを して、わすれようと したのですが、食べたい 気《き》持《も》ちは おさまりません。

たくさん あるんだからと 一つを 口に 入れると、あまい あじが しました。もう 一つ、もう 一つと 食べつづけたら、チョコは なくなって しまいました。

やくそくを まもれなかった ごうくんは、ないて しまいました。

(1) ごうくんは、チョコの ことを わすれる ために どんな ことを しましたか。（10点《てん》）

［　　　　］

(2) ごうくんが チョコを 食べた 理《り》由《ゆう》を 書《か》きましょう。（20点）

［　　　　］

(3) ごうくんが ――に なって いる 理由を えらびましょう。（20点）

ア チョコが おいしかったから。
イ だめだったのに、食べたから。
ウ チョコが もう ないから。

［　　　　］

答えは95ページ

やってみよう

シール

つぎの漢字《かんじ》は　何画《なんかく》で　書《か》きますか。
漢字で　数《かず》を　答《こた》えよう。

① 弓［　　］画

② 考［　　］画

③ 教［　　］画

④ 道［　　］画

⑤ 歌［　　］画

答えは95ページ

生活文《せいかつぶん》 ②

シール

月　日

とく点

点　合かく 40点

● 読《よ》んで 答《こた》えましょう。

わたしは、母《はは》の日に お母《かあ》さんに 花を 買《か》って あげました。［①］、妹《いもうと》は、お金が ないので、かたたたきを して あげました。

花が すきな お母さんだから、きっと わたしの プレゼントの 方《ほう》を より よろこんで くれるだろうと 思《おも》って いたら、②お母さんは 二人の プレゼントを 同《おな》じように よろこびました。その 理由《りゆう》を 聞《き》くと、プレゼントの 中身《なかみ》は ちがうけれど、気持《きも》ちは 同じだからと 答えました。

(1) ［①］に 入る 言葉《ことば》を えらびましょう。（10点《てん》）

ア さて　イ でも　ウ つまり

［　　］

(2) 二人は 母の日に、それぞれ 何《なに》を しましたか。（20点）一つ10

わたし ［　　］

妹 ［　　］

(3) ―②の 理由を 書《か》きましょう。（20点）

［　　］

答えは95ページ ☞

やってみよう

シール

✿ つぎの――の漢字《かんじ》の読《よ》み方《かた》を書《か》こう。

① 体がいたい。［　］

② 新しいカバン。［　］

③ 車を止める。［　］

④ 学校から帰る。［　］

⑤ 台風がくる。［　］

⑥ 東西南北［　］

答えは95ページ ☞

せつ明文《めいぶん》 ③

シール

月　日

とく点

点 / 合かく 40点

● 読《よ》んで 答《こた》えましょう。

タヌキは、おどろくと たおれて、その 時《とき》だけ ねむったように なります。タヌキは、けっして わざと して いる わけでは ないのですが、①この 様子《ようす》を 見た むかしの 人は、わざとだと 考《かんが》えました。なぜなら、タヌキは 人を だます 生きものだと 言《い》われて いたからです。

ここから、都合《つごう》が わるい 時に ねたふりを して その 場《ば》を のがれようと する ことを、②「たぬきねいり」と 言うように なりました。

(1) ——①とは、何《なん》の どんな 様子で すか。(20点《てん》)一つ10

「　　　」の おどろくと たおれて、「　　　」様子。

(2) タヌキは むかしの 人に どう 言われて いましたか。(10点)

「　　　」

(3) ——②の いみを 書《か》きましょう。(20点)一つ10

人が、「　　　」を して、都合が わるい ことから 「　　　」こと。

答えは95ページ ☞

やってみよう

シール

つぎの□に 漢字《かんじ》を 書《か》こう。

① □□□《がようし》に □□《ちず》を かく。

② お□《こめ》を □《た》べると、元気《げんき》に なる。

③ とても 長《なが》い □《せん》を □《ひ》いた。

④ □□□《じゅうまんえん》を □□《こうばん》に とどけた。

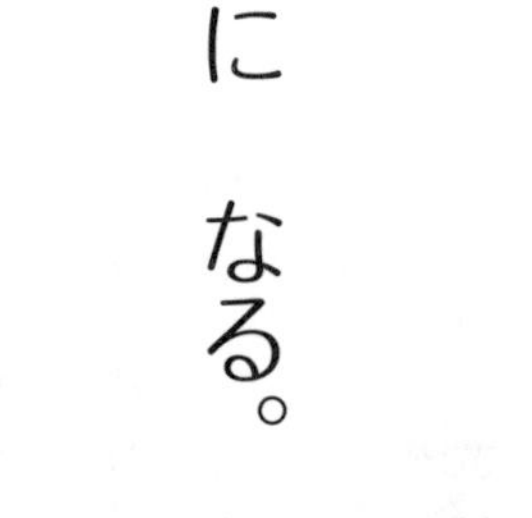

答えは95ページ

手《て》紙《がみ》②

●読《よ》んで　答《こた》えましょう。

青葉園《あおばえん》の　みなさん　お元気《げんき》ですか。
ぼくたちは　[　　]。
　この間《あいだ》は、交流会《こうりゅうかい》に　よんで　いただき　ありがとうございました。とても　楽《たの》しかったので、今度《こんど》は、ぼくたちの　学習《がくしゅう》はっぴょう会に　来《き》て　もらいたいと　考《かんが》えて　います。
　来週《らいしゅう》の　日曜日《にちようび》、七月三日、青川小学校で　行《おこな》います。はっぴょうだけで　なく、ゲームも　あり、楽しんで　いただけると　思《おも》って　います。
　では、来て　いただけるのを　楽しみに　して　います。

(1) [　　]に　入る　言葉《ことば》を　書《か》きましょう。（10点《てん》）

［　　　　］

(2) この　手紙《てがみ》は、だれを　何《なに》に　さそう　手紙ですか。（20点）一つ10

だれを［　　　　］

何に［　　　　］

(3) この　手紙に　ぬけて　いる　ことを　えらびましょう。（20点）

ア　交流会の　はじまる　時間《じかん》
イ　ゲームの　はじまる　時間
ウ　学習はっぴょう会の　はじまる　時間

［　　　　］

答えは95ページ

やってみよう

シール

✽ つぎの□に漢字《かんじ》を書《か》こう。

① □《かお》の□□《はんぶん》をかくす。

② 川のながれる□《たに》で□《さかな》をつる。

③ □□《こくない》旅行《りょこう》を□□《けいかく》する。

④ □□《あす》、□□《しゃかい》見学に出かける。

答えは95ページ ☞

物語《ものがたり》④

シール　月　日　とく点　点　合かく40点

●読《よ》んで 答《こた》えましょう。

とつぜん、みつるの 目の 前《まえ》に
大きな ①かげが あらわれた。
「いつも ぼくたちの なかまを
いじめたり、②みんなで すんで い
る 家《いえ》を こわしたり するよな。」
と 言《い》って、大きな アリが、おそ
い かかって きた。
「たすけて。」
こわくて 大声《おおごえ》を あげた。その
時《とき》、みつるは 目が さめた。ゆめ
の 中での 出来事《できごと》だったんだ。み
つるは アリの すを こわすのは
やめようと 思《おも》った。

---

(1) ―①は 何《なん》の かげですか。（10点《てん》）

[　　　　]

(2) ―②は 何の ことですか。（10点）

[　　　　]

(3) みつるが 見た ゆめは どんな ゆめでしたか。（20点）一つ10

自分《じぶん》が [　　　　] に

[　　　　] ゆめ。

(4) 目が さめた ときに、みつるは どう 思いましたか。（10点）

[　　　　]

答えは95ページ

やってみよう

シール

つぎの漢字《かんじ》を組《く》み合《あ》わせて、一つの漢字を作《つく》ろう。

① 糸 会 → 〔　　〕

② 七 刀 → 〔　　〕

③ 日 生 → 〔　　〕

④ 里 王 → 〔　　〕

⑤ 立 木 見 → 〔　　〕

答えは95ページ

し ③

シール

月　日

とく点

点　合かく 40点

● 読《よ》んで　答《こた》えましょう。

タオル

おふろあがりに　体《からだ》を　ふく
首《くび》に　たらして　あせを　ふく
トイレの　後《あと》は　手も　ふける
水　すいとるなら　まかせてよ
大きさ　いろいろ　あるけれど
その　①役目《やくめ》は　みな　同《おな》じ
②自分《じぶん》が　ぎせいに　なってでも
③相手《あいて》の　よろこぶ　顔《かお》が　見たい
しっかり　かわいて　いるかな
ぬれて　いる　ところは　ないかな
わたしは　［④］　名人*です

＊名人＝すぐれて　いる　人の　こと。

(1)　―①と　ありますが、タオルの　役目は　何《なん》ですか。(10点《てん》)
［　　　　］

(2)　―②は　何の　ことですか。(10点)
［　　　　］

(3)　―③は、だれの　ことですか。(10点)
タオルを　［　　　　］人。

(4)　［④］に　入る　言葉《ことば》を　えらびましょう。(20点)
ア　ふきふき　　イ　しとしと　　ウ　いろいろ
［　　　　］

答えは95ページ ☞

やってみよう

シール

✿ 下の 漢字《かんじ》の 読《よ》み方《かた》を ひらがなで 書《か》いて、クロスワードを かんせいさせよう。

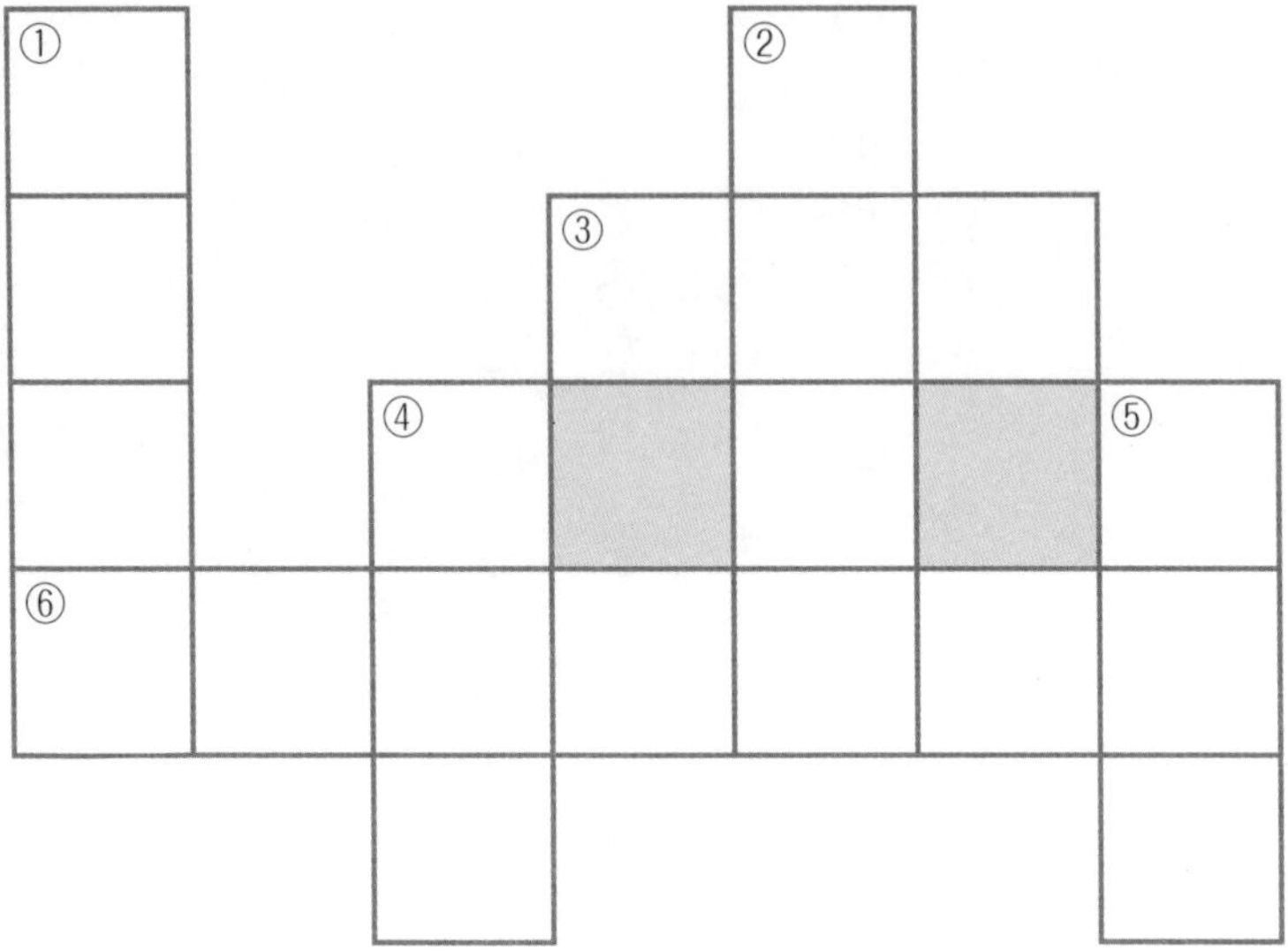

ヨコの かぎ

③ 前後

⑥ 一週間

タテの かぎ

① 音声

② 算数

④ 図書

⑤ 言語

答えは95ページ ☞

せつ明文《めいぶん》 ④

シール

月　日

とく点　　点　合かく40点

●読《よ》んで 答《こた》えましょう。

①たねを のこす ために、しょくぶつは 一つの 花の 中に おしべと めしべを もって います。ですが、かぼちゃは、お花《ばな》と め花《ばな》が あり、それぞれの 花が、おしべだけ、めしべだけを もって います。だから、ふつうは 花が さいたら、ほとんどの 花に みが できるのですが、かぼちゃは、め花だけに みが なり、お花には みが なりません。かぼちゃと 同《おな》じ ような ものには、ほかに ②へちま などが あります。

(1) ――①の ためには、何《なに》が ひつようですか。(10点《てん》)

[　　　　]

(2) お花と め花とは、どのような ものですか。(20点)一つ10

お花は、[　　　　]だけを もつ 花で、め花は、[　　　　]だけを もつ 花。

(3) ――②は 何が かぼちゃと 同じ なのか、えらびましょう。(20点)

ア めしべと おしべの 数《かず》

イ たねの のこし方《かた》

ウ 花の ふえ方

[　　　　]

答えは96ページ

やってみよう

シール

＊つぎの ――の 言葉《ことば》を、ていねいな 言葉に 直《なお》そう。

〔れい〕ぼくは 二年生だ。 ［ 二年生です ］

① バスに のる。 ［ ］

② プールへ 行《い》った。 ［ ］

③ 食《た》べものが ある。 ［ ］

④ 勉強《べんきょう》を する。 ［ ］

答えは96ページ ☞

生活文《せいかつぶん》③

シール

月　日

とく点　　点　合かく35点

● 読《よ》んで　答《こた》えましょう。

①水を　ながしながら　あわの　ついた　スポンジで、おさらを　あらって　いたら、お姉《ねえ》ちゃんに　おこられました。

「あわの　ついた　手じゃあ、水道《すいどう》の　じゃ口が　しめられないよ。」

と　言《い》うと、

「自分《じぶん》の　都合《つごう》と、②しげんと、どちらが　大事《だいじ》なの。」

と　言われました。

一回《いっかい》は　少《すこ》しでも、つみかさなれば、多《おお》く　なります。③、気を　つけなければと　思《おも》いました。

(1) ――①のように　して　おさらを　あらって　いた　理由《りゆう》を　書《か》きましょう。(20点《てん》)

［　　　　］

(2) ――②とは　何《なん》の　ことですか。(15点)

［　　　　］

(3) ③に　入る　言葉《ことば》を　えらびましょう。(15点)

ア　しかし

イ　また

ウ　だから

［　　　　］

答えは96ページ

やってみよう

シール

✱ つぎの 漢字《かんじ》の と 同《おな》じ 部分《ぶぶん》を もつ 漢字を 三つずつ 書《か》こう。

① 記 「 ・ ・ 」

② 道 「 ・ ・ 」

③ 時 「 ・ ・ 」

④ 何 「 ・ ・ 」

答えは96ページ ☞

物《もの》語《がたり》⑤

シール　月　日　とく点　点　合かく40点

● 読《よ》んで 答《こた》えましょう。

「①ねえ、早く おきてよ。」

お母《かあ》さんとは ちがう声《こえ》が して、②顔《かお》を なまあたたかい ものが 行《い》ったり 来《き》たり して います。

「まだ、ねむいんだよ。」

と、ぼくが 言《い》うと、

「八時《はちじ》だよ。学校に おくれるよ。」

と、知《し》らない 人の 声が します。

「わかった。③。」

目を さますと、そこに いるのは かい犬の ポチ。きょとんとした ぼくの 顔を、ポチが また うれしそうに なめに 来ました。

(1) ——①と 言った 理由《りゆう》を 書《か》きましょう。(15点《てん》)

［　　　　］

(2) ——②は 何《なに》が 何を して いるのですか。(20点)一つ10

［　　　］が ぼくの 顔を ［　　　］。

(3) ③に 入る 言葉《ことば》を えらびましょう。(15点)

ア おきるよ　イ ねるよ　ウ 行くよ

［　　］

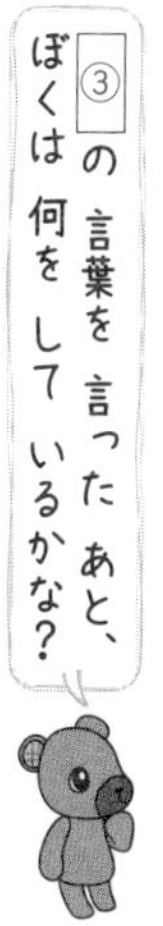
③の 言葉を 言った あと、ぼくは 何を して いるかな？

答えは96ページ

やってみよう

シール

＊つぎの「　」に 入る 言葉《ことば》を □ から 一つずつ えらんで 書《か》こう。

① あめ「　」ガムを 食《た》べる。

② 顔《かお》「　」あらう。

③ 公園《こうえん》「　」行《い》く。

④ 一週間《いっしゅうかん》「　」あっと いう 間《ま》だ。

⑤ もんだい「　」答《こた》えを 考《かんが》える。

へ　の　と　を　は

答えは96ページ ☞

し ④

シール

月　日

とく点

点　合かく40点

● 読《よ》んで　答《こた》えましょう。

お米《こめ》

何《なん》にでも　①へんしんできる
お米は　ぼくの　ヒーローだ

あじを　つければ　あじごはん
まめを　いれれば　まめごはん
ついたら　②に　なって
こなに　したら　おかしや　パン

いつでも　おなかを
みたして　くれる
③お米は　ぼくの　ヒーローだ

(1) ——①は　どんな　ことを　あらわして　いますか。(20点《てん》)

お米が　ほかの
［　　　　　］に　かわる
こと。

(2) ②に　入る　言葉《ことば》を　えらびましょう。(10点)

ア おにぎり　イ せんべい
ウ おもち
［　　　］

(3) ——③の　理由《りゆう》を　書《か》きましょう。(20点)

お米は、
［　　　　　　］
時《とき》に、自分《じぶん》を　たすけて　くれる
から。

答えは96ページ

やってみよう

シール

つぎの［　］に 入る 言葉《ことば》を □ から 一つずつ えらんで 書《か》こう。

① よく ねた［　　］、すっかり 元気《げんき》だ。

② 長《なが》かった 夏休《なつやす》みも 明日《あす》［　　］だ。

③ 春《はる》に なった［　　］ まだ さむい。

④ ラーメン［　　］ やきそばが すきだ。

⑤ 今度《こんど》［　　］、友《とも》だちに かちたい。

のに	より	こそ	ので	まで

答えは96ページ

LESSON 43

せつ明文《めいぶん》 ⑤

シール

月　日

とく点

点　合かく40点

● 読《よ》んで 答《こた》えましょう。

パンダは なぜ 白黒《しろくろ》の もようを、して いるのでしょう。

①いろいろな 話《はなし》が ありますが、パンダの すむ 雪山《ゆきやま》の けしきに まぎれて みを まもると いう 話が あります。このような 色《いろ》の ことを、②ほご色《しょく》と 言《い》います。また、てきに みつかっても、色が はっきり わかれて いる ことで、一ぴきの どうぶつに 見えにくく、てきを こんらんさせると いう こうかも あります。このように、③パンダは、みを まもる ためにも、この もようを して いるのです。

(1) ――①は ここでは いくつ 書《か》かれて いますか。（10点《てん》）

［　　］つ

(2) ――②に ついて、まとめました。［　］に 入る 言葉《ことば》を 書きましょう。（20点）

まわりの［　　　　　］色の こと。

(3) ――③は 何《なん》の ことですか。（20点）

［　　　　　］

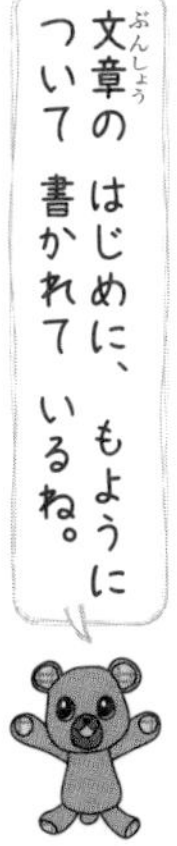

文章《ぶんしょう》の はじめに、もように ついて 書かれて いるね。

答えは96ページ

やってみよう

シール

✱ つぎの ――の 漢字《かんじ》の 読《よ》み方《かた》を 書《か》こう。

① 名前《なまえ》を 知る。 ［　　］

② きげんが 直る。 ［　　］

③ 夕方 出かける。 ［　　］

④ 少年の 名前。 ［　　］

⑤ 十才に なる。 ［　　］

⑥ 春夏秋冬 ［　　］

答えは96ページ ☞

物《もの》語《がたり》⑥

シール

月　日

とく点
点　合かく40点

● 読《よ》んで 答《こた》えましょう。

①「マーくんの 方《ほう》が すき。だって、話《はな》しかけて くれるもの。」

ピョンタが 言《い》います。

「ぼくは、トモくんが いい。ぽいっと、空に とばして くれるから、わくわくしちゃう。」

「それって、②ボールのように 思《おも》って いるだけじゃ ない？」

「でも、とぶのは 気《き》持《も》ちいいよ。」

ゴンタが 言いかえします。

「やっぱり、大切《たいせつ》に あつかって くれる マーくんが いい。ぼくたち、③ぬいぐるみなのだから。」

(1) ――①の 理《り》由《ゆう》を 二つ 書《か》きましょう。（20点《てん》）一つ10

「　」

「　」

(2) ――②と ありますが、だれが だれを このように 思って いるのですか。（20点）一つ10

だれが「　」

だれを「　」

(3) ――③なのは だれですか。すべて 書きましょう。（10点）

「　」

答えは96ページ ☞

やってみよう

シール

つぎの□に漢字《かんじ》を書《か》こう。

① □□《きいろ》と□《くろ》のしまもよう。

② □□《まるがお》で手足が□《ほそ》い。

③ はるか かなたを□□《きせん》が□《とお》る。

④ □□《ゆきぐに》について□□《さくぶん》を書く。

答えは96ページ

せつ明文《めいぶん》 ⑥

シール

月　日

とく点

点　合かく40点

● 読《よ》んで　答《こた》えましょう。

冬《ふゆ》に　なると、カエルを　見せんが、①カエルたちは　どこに　いるのでしょう。

カエルは、体温《たいおん》が　まわりの　おんどと　いっしょに　かわる「へんおんどうぶつ」なので、冬に　気温が　下がると、ほとんど　うごけなく　なります。だから、②その　ときに　てきに　会《あ》わないように、そして、しんで　しまわないように、おちばの　下や　土の　中など、こおらない　ところに　みを　かくして、③「とうみん」するのです。

(1) ――①の　答えを　書《か》きましょう。（20点《てん》）

「　　　　」

(2) ――②は　どんな　ときですか。（10点）

「　　　　」とき。

(3) ――③は、何《なん》の　ために　しますか。（20点）一つ10

冬に　気温が　下がって、うごけなく　なった　ときに、

「　　　　」ためや

「　　　　」ため。

答えは96ページ

やってみよう

シール

✿ つぎの□に漢字《かんじ》を書《か》こう。

① □□《のはら》を □《はし》り回《まわ》る。

② □《みなみ》に □□《せいもん》が ある。

③ □□□《にちようび》に いとこが □《く》る。

④ □《あね》は □□□□《ろくねんにくみ》だ。

答えは96ページ ☞

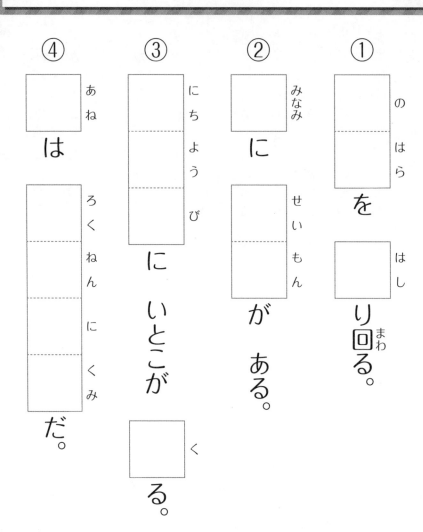

答え

読解力2年

まちがえたところは，もういちど見直《みなお》そう！

① ひょうげんを　読みとる ①

(1) キラキラ
(2) あまい　（におい）
(3) とび上がる（くらい）
(4) イ

「やってみよう」の答え
①ふらんす・フランス
②ぴあの・ピアノ
③ごうかあと・ゴーカート
④こっぷ・コップ
⑤さっかあ・サッカー

② ひょうげんを　読みとる ②

(1) ウ　(2) ア　(3) 人間
(4) 両方の　歩き方を　する。

アドバイス (4)「両方」とあるので、「ホッピングとウォーキング」と答えても正解です。

①妹が・ないた
②わたしは・行く
③花が・さく
④弟は・休んだ
⑤お兄さんは・とった

③ こそあど言葉 ①

(1) (遠くに　見える)　とう台
(2) (遠くに　見える)　とう台
(3) (一ぴきの)　犬・しきりに　しっぽを　ふる
(4) イ

アドバイス (4)わからない場所を表す言葉を選びます。

①わたしは・あそぶ
②先生が・よんだ
③たからものが・あった
④はたが・ならぶ
⑤妹は・ひろった

④ こそあど言葉 ②

(1) 大すきな　もの
(2) いっぱい・いの　上に　すき間
(3) 原始（時代）　(4) 食べもの

①おもしろい　②花だんの
③計算の　④強い
⑤たくさんの

⑤ つなぎ言葉 ①

(1) のどが　かわいて　いたから。
(2) ア
(3) (例)(とった)　やさいを　あらわなければ　ならなかったから。

アドバイス (2)前と後ろで反対のことが書かれています。

①公園で　②とても
③ほねを　④れいぞうこに
⑤海から

⑥ つなぎ言葉 ②

(1) ウ
(2) イ
(3) イ

アドバイス (2)前の段落の内容をまとめています。

①けさ　②は　③うた
④とうきょう　⑤おそ
⑥けいと

⑦場面を 読みとる

(1)そうじの 時間
(2)(例)みきおが ぶつかったから。
(3)つかさ
(4)さちお・あやまった

①肉・店 ②鳥・鳴
③頭・首 ④近・公園

⑧話の すじを つかむ

(1)学校が おわったら。
(2)(例)まあくんの 家に電話を した。
(3)げんかん
(4)(例)時間を まちがえたから。

アドバイス (4)「なぜ」という問題の時には、答えの最後に「〜から」などをつけます。

①日記・思 ②古・道
③寺・外 ④音楽・国語

⑨話題を 読みとる

(1)ア
(2)(例)いやな においを出す。
(3)イ

アドバイス (3)この文章は、小さくて弱い虫が、どのように身を守るかが書かれています。

①姉 ②明 ③古 ④牛

⑩せつ明の じゅんじょ

(1)ウ (2)イ→ア→ウ
(3)ウ→イ→ア

アドバイス (3)それぞれの段落ごとに、どんなことが書かれているのかを読み取ります。

①き	②し	ゃ				
	ん			③そ		
	ぶ		④こ	う	え	ん
	ん			げ		
	⑤し	ん	り	ん		

⑪まとめテスト①

(1)白
(2)(例)(ウサギが) あなにおちた こと。
(3)ウ
(4)ウサギ・心配

アドバイス (1)「雪のような」という「たとえ」が使われていることから考えます。

①走り回る ②のみもの
③細長い ④けしゴム

⑫まとめテスト②

(1)ア
(2)ア
(3)うすい まく・水

アドバイス (3)ナメクジの体がどんな仕組みかを、読み取ります。

①とび出す ②とりかえる
③うすぐらい ④食べもの
⑤弱気

⑬気持ちを 読みとる①

(1)(例)すごく おなかがすいて いたから。
(2)ウ
(3)お姉ちゃん・食べた こと

アドバイス (3)自分のしたことをくやんでいます。

①エ ②ウ ③ア ④イ
⑤オ

⑭気持ちを 読みとる②

(1)(例)大切に 思って いた。
(2)ア
(3)(例)とても しっかりした たよりに なる 兄だと 思った。

アドバイス (3)最後の文に書かれています。

①しとしと ②ぴかぴか
③ひらひら ④どろどろ
⑤よちよち

⑮ 気持ちを　読みとる ③

(1) イ　(2) ア

(3) (例) 一人では　心細いから。

アドバイス (2) ② の前に、ぼくを不安にさせることが書かれています。

①しっかり　②にっこり
③やっと　④たいへん
⑤じっと

⑯ 理由を　おさえる ①

(1) (例) 強い　きばや　つめが　ないから。

(2) イ

(3) てき・(小さな)　音

アドバイス (2) 最後の文がこの文章全体のまとめになっています。

①むぎちゃ　②あ
③すこ　④げんき
⑤さんかく　⑥ごご

⑰ 理由を　おさえる ②

(1) 黒・赤

(2) (例) 金魚の　うつくしさが　人気に　なったから。

(3) (例) より　うつくしい　形や　もようを　もつ　金魚に　なるように　けんきゅうしたから。

アドバイス (3) ——は、「けんきゅうのけっか」です。

①風船・妹　②母・時計
③答・合　④夜空・星

⑱ 理由を　おさえる ③

(1) (えいように　なる)　しぼう・食べもの

(2) ウ　(3) 太陽の　ねつ

アドバイス (2) 前の段落に理由が述べられているので、順接の接続詞「だから」が入ります。

①自分・買　②家・前
③昼・馬　④牛・池

⑲ 大事な　ことを　読みとる ①

(1) (例) こわくて　なきだしそうに　なって　いる。

(2) お父さんと　お母さん

(3) (例) 一人で　行動しては　いけない・ついて　いったら

アドバイス (1) ぼくがどうしているかを探します。

①地　②数　③国　④夜

⑳ 大事な　ことを　読みとる ②

(1) みよちゃん・チョコ

(2) あさこちゃん

(3) (例) (みよ) のこして　おく。(あさこ) はじめに　食べる。

①た	し	ょ	う		②ぎ
に					ゅ
③ま	い	あ	④さ		う
			い		に
	⑤ゆ	う	し	ょ	く
			ん		

㉑ 大事な　ことを　読みとる ③

(1) (野生の)　シカ

(2) 一か月 (後)

(3) (例) (シカ) 新めを　食べたい。(人間) (「チューリップまつり」までに)　花いっぱいに　したい。

アドバイス (3) シカと人間が、それぞれしたいと思っていることをまとめます。

①エ　②ア　③オ　④イ
⑤ウ

㉒ 大事な　ことを　読みとる ④

(1) オウム

(2) (例) 親や　なかまの　声の　まね。

(3) したや　のど・鳴き方

アドバイス (1) 例として書かれている鳥の名前を答えます。

①ウ　②ア　③オ　④イ
⑤エ

㉓ **まとめテスト③**

(1)(例)明日、晴れて　ほしい。

(2)(例)一つでは　ねがいを　かなえて　もらえない　気が　したから。

(3)四(つ)

(4)てるてるぼうず

アドバイス (4)みかさんが作っているものを答えます。

㉔ **まとめテスト④**

①**ア**　②**ア**　③**ア**　④**イ**　⑤**ア**

(1)たまご・オリーブ

(2)マイヨン・マイヨンネーズ　(3)スペイン

アドバイス (1)——の前に「**それらを　つかって**」とあるので、「それら」に当たるものを探します。

①○　②合わせる

③晴れる　④○　⑤止まる

㉕ **物　語①**

(1)(だれ)お母さん

(どんな)(例)五時までに家に　帰る　こと

(2)**イ**　(3)**ア**

アドバイス (3)**イ**やウの気持ちは、**本文には書かれていない**ので、まちがいです。

①えんそく　②おお

③きょうだい

④きょうじゃく　⑤ふと

⑥にんぎょう

㉖ **し①**

(1)ミツバチ

(2)かくれんぼ

(3)ツバメ　(4)**ア**

アドバイス (4)季節を表す言葉、「たんぽぽ」「ミツバチ」「さくら」「ツバメ」などから考えます。

①声・聞　②算数・高

③刀・売　④広・海

㉗ **せつ明文①**

(1)(例)小麦こが　とけずにのこる。

(2)(例)ひょうめんが　ぷくぷくして　きたら　わかる。

(3)ざいりょう・フライパン

アドバイス (1)直前の「ので」は、「〜だから」という意味です。

①教室・戸

②岩・雲

③図工・絵

④親友・電話

㉘ **生活文①**

(1)インコ

(2)(例)黄色い　羽(の　鳥)

(3)(例)うれしそう

(4)(例)たくさん　あそんであげたい。

①氵　②糸

③雨　④日

㉙ **物　語②**

(1)(ほしこ)星　(ふうた)風

(2)(例)雲から　おちたから。

(3)**ウ**

アドバイス (3)「両親が心配していないかな」と思っているのは「ほしこ」です。

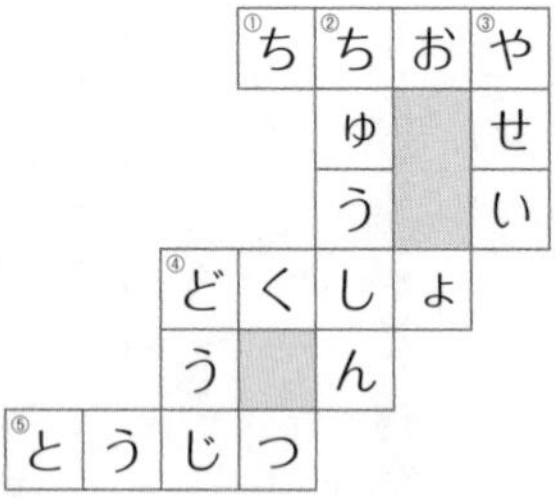

㉚ **手　紙①**

(1)おじいさんと　おばあさん

(2)お正月　(3)電車　(4)**ア**

アドバイス (1)手紙では、はじめに相手の様子を聞きます。

①帰る　②細かい

③明るい　④分ける

⑤通る　⑥食べる

㉛ せつ明文②

(1)日本で　いちばん　高い山

(2)三(回目)

(3)火山・マグマ・(例)つみかさなって

アドバイス (2)——は「さいごのふん火」とあるので、富士山の噴火の回数が答えになります。

①三　②二　③二　④四

⑤四

㉜ し②

(1)よろこび・かなしみ・いかり(順不同)

(2)イ　(3)犬

アドバイス (2)①に入るものは、「顔　見て　気持ちを　知る」ことができるものです。

(3)——②は、しっぽで気持ちを出すものです。

①一　②四　③五　④二

⑤七

㉝ 物語③

(1)ゲーム

(2)(例)たくさん　あったから。

(3)イ

アドバイス (3)——の直前の「やくそくを　まもれなかった」をヒントにします。

①三　②六　③十一

④十二　⑤十四

㉞ 生活文②

(1)イ

(2)(例)(わたし)花を　買って　あげた。

(妹)かたたたきを　して　あげた。

(3)(例)二人の　気持ちは同じだから。

①からだ　②あたら

③と　④かえ　⑤たいふう

⑥とうざいなんぼく

㉟ せつ明文③

(1)タヌキ・(例)ねむったようになる

(2)人を　だます　生きもの

(3)(例)ねたふり・のがれようと　する

①画用紙・地図

②米・食

③線・引

④十万円・交番

㊱ 手紙②

(1)(例)元気です

(2)(だれを)青葉園の　みなさん

(何に)学習はっぴょう会

(3)ウ

アドバイス (3)青川小学校の行事は何かを考えます。

①顔・半分　②谷・魚

③国内・計画

④明日・社会

㊲ 物語④

(1)(大きな)アリ

(2)アリの　す

(3)大きな　アリ・(例)おそわれる

(4)(例)アリの　すを　こわすのは　やめよう。

①絵　②切　③星　④理

⑤親

㊳ し③

(1)(例)水を　すいとる　こと。

(2)タオル

(3)(例)つかう

(4)ア

①お				②さ		
ん			③ぜ	ん	ご	
せ		④と		す		⑤げ
⑥い	っ	し	ゅ	う	か	ん
		ょ				ご

㊴ せつ明文④

(1)おしべと　めしべ
(2)おしべ・めしべ
(3)イ

①のります
②行きました
③あります
④します

㊵ 生活文③

(1)(例)あわの　ついた　手では、水道の　じゃ口が　しめられないから。
(2)水
(3)ウ

アドバイス　(1)私の会話中に理由があります。

①(例)計・語・話
②(例)遠・近・週
③(例)明・晴・曜
④(例)休・作・体

㊶ 物語⑤

(1)(例)ぼくが　学校に　おくれるから。
(2)ポチ(犬)・(例)なめている
(3)ア

アドバイス　(2)「なまあたたかいもの」「行ったり　来たり」を手がかりにします。

①と　②を　③へ　④は
⑤の

㊷ し④

(1)(例)食べもの
(2)ウ
(3)(例)おなかが　すいている

アドバイス　(3)お米が必要な、困った時とはどんな時かを考えます。

①ので　②まで　③のに
④より　⑤こそ

㊸ せつ明文⑤

(1)二(つ)
(2)(例)けしきに　まぎれてみを　まもる
(3)(例)白黒の　もよう

①し　②なお
③ゆうがた
④しょうねん
⑤じっさい(じゅっさい)
⑥しゅんかしゅうとう

㊹ 物語⑥

(1)(例)話しかけて　くれるから。・大切に　あつかって　くれるから。(順不同)
(2)(だれが)トモくん
(だれを)ゴンタ
(3)ピョンタ・ゴンタ

①黄色・黒
②丸顔・細
③汽船・通
④雪国・作文

㊺ せつ明文⑥

(1)おちばの　下や　土の中など、こおらない　ところ。
(2)(例)うごけない　(とき。)
(3)(例)てきに　会わないように　する・しんで　しまわないように　する

アドバイス　(1)——①の前に「冬に　なると」とあるので、「カエル」が冬にどこにいるかを読み取ります。

①野原・走
②南・正門
③日曜日・来
④姉・六年二組